AF258391

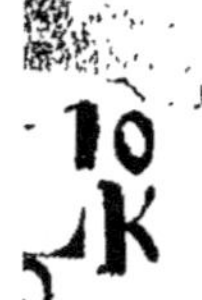

REQUÊTE

AU

ROI.

S I R E,

PÉNÉTRÉS de la douleur la plus profonde, LES HABITANS DE LA VILLE DE PONDICHÉRY, viennent faire entendre leurs gémissemens aux pieds du trône de VOTRE MAJESTÉ.

ELLE ne rejettera point leurs prières; non, SIRE, votre cœur paternel, toujours agité d'une tendre sollicitude pour le bonheur de ses peuples, ne repoussera point les atteintes de la sensibilité, en voyant les larmes d'une partie de ses plus fidèles sujets que le malheur oppresse.

A.

PAR vos ordres , SIRE , mais par vos ordres sollicités et surpris , nous le savons , on abandonne la Colonie de Pondichéry , on lui retire la protection que l'Etat lui doit (nous osons nous servir de cette expression) et qu'elle n'a jamais cessé de mériter. On la livre, au sein de la paix même, à la plus affreuse alternative. Dénuée à l'avenir de tous les moyens de défense , il faut qu'elle devienne enfin la conquête , si long-tems disputée, des trop heureux rivaux de votre empire , ou la proie des tyrans asiatiques. Hélas ! elle n'a pas même la triste consolation de penser qu'elle passera malheureuse, mais tranquille du moins , sous un joug étranger ! Maintenant destinée à exciter également l'ambition et la cupidité de l'une et de l'autre puissance , perpétuellement froissée entre des vicissitudes dont on ne peut assigner la fin , elle ne doit plus s'attendre qu'à voir alternativement changer ses fers : et pendant que tous vos autres sujets jouiront des douceurs de la paix que votre puissance, votre sagesse et votre bonté leur assurent, la colonie de Pondichéry demeurera seule un théâtre constant d'horreurs, et son enceinte ne contiendra que des victimes!

Daignez , SIRE , daignez considérer l'affreux abus que l'on ose faire de votre nom chéri et sacré pour commettre ce crime. Oui, ce crime ; car en est - il de plus grand que de rompre, de briser arbitrairement ainsi , de fouler aux pieds tous les nœuds du pacte social ? — Lorsque nos pères s'expatrièrent, et vinrent, loin de leurs foyers , chercher ici une source nouvelle de splendeur et d'opulence pour la métropole, enfans généreux, ils se dévouèrent librement ; mais ils partirent sous la sauve-garde sainte et jusqu'ici inviolable de la mère-patrie. Ils crurent, ils dûrent alors acquérir, par ce pénible sacrifice, de plus grands droits à son affection ; et vos ayeux, SIRE, pénétrés de cette vérité, n'ont pas cessé de nous accorder une attentive protection : devoir sacré de leur charge, et qui fut toujours selon leur cœur.

Hé ! quelle autre colonie, plus que celle de Pondichéry, a droit d'inspirer cet intérêt ? Quelle autre a éprouvé autant de malheurs ? Située à la dernière limite de votre puissance, et posée, si l'on peut s'exprimer ainsi, comme une sentinelle perdue, au milieu des ennemis de votre empire, combien de désastres n'a-t-elle pas subis ? Bloquée sous l'habile *Dumas*, assiégée et réduite aux derniers abois sous l'opiniâtre *Dupleix*, ruinée de fond en comble à la catastrophe de l'odieux commandement du phrénétique *Lally* : à peine sortie de ses décombres, elle a dû soutenir une lutte nouvelle sous la conduite du sage et brave *Bellecombe*. Les honneurs dont VOTRE MAJESTÉ a décoré deux de nos concitoyens, attestent votre satisfaction des nouvelles preuves que nous avons données, en cette occasion, de notre amour pour la patrie et pour la gloire de vos armes. Mais, quels qu'aient été nos efforts, nous avons dû succomber encore, accablés par des forces trop supérieures ; et après avoir vu notre foible enceinte s'affaisser de nouveau, nous sommes demeurés, pendant un long indigènes qui nous tendent une main alliée. Mais Pondichéry ne succombera plus , si l'on y tient une conduite opposée ; et si l'on se détermine enfin à s'y établir , et à s'y maintenir sur le pied respectable qui nous convient.

Mais nous ne pouvons , sans des sacrifices énormes , porter et entretenir en Asie des forces Européennes égales à celles des Anglois qui y sont considérables. — Considérables , par rapport aux nôtres jusqu'à ce moment ? soit. Considérables en elles-mêmes ? cela est faux. Elles sont au contraire dans une disproportion infinie avec les besoins : mais la consistance de l'Angleterre ne lui permet pas de faire davantage. — Eh ! depuis quand la France est-elle dans l'impuissance de balancer cette rivale ? Depuis quand sommes-nous donc réduits à un point de foiblesse , tel que nous ne puissions plus atteindre à l'égalité de moyens en tout genre , avec une puissance qui est au plus le tiers de la nôtre ? — Au reste, il ne s'agit pas pour nous d'avoir à opposer aux Anglois des forces égales à la somme de celles qu'ils sont obligés de tenir dispersées dans l'étendue de l'Asie. Il n'est question que d'un seul point, mais capital, qu'il faut mettre en état de leur porter un ombrage qu'ils ne puissent jamais écarter , d'en imposer en tout tems à leur audace ambitieuse , de rivaliser leur commerce pendant la paix , et, pendant la guerre, de repousser à leur grande perte leurs efforts devenus vains ; en état enfin de les contenir , toujours agités de l'effroi de voir ce point leur devenir fatal. Or , nous ne voyons pas quels énormes sacrifices exigeroit un tel plan. — Lorsque Pondichéry a soutenu le dernier siége sous le brave Bellecombe, il étoit ouvert presque de toutes parts , et son enceinte renfermoit à peine 800 guerriers. Il a été assiégé par 4000 hommes de troupes européennes et 26,000 Sipahis. Cependant le siége a duré 70 jours, et a coûté aux Anglois 6,000 hommes, et plus de huit millions. Il faut observer que ces forces rassemblées sous nos murs , laissoient nuds une grande partie de leurs établissemens , qui, par l'état des choses , pouvoient alors rester dénués dans la plus grande sécurité. L'eussent-ils osé , s'ils avoient pu être incertains sur cette position ? et, telle qu'a été leur entreprise, quelle que fût alors notre détresse en tout point, peut-on croire , en considérant ce qui s'est passé, qu'ils eussent eu le même succès, si le Chef de notre marine , au lieu de fuir vers l'Ile-de-France, eût fait son devoir ? si cette même Ile - de - France nous eût envoyé à tems les secours qu'elle étoit en mesure de nous fournir , sans aucun danger pour elle , quoique son chef en ait simulé la crainte ? — Ne doutons pas que notre perte, en cette rencontre, d'ailleurs si disproportionnée, ne doive être attribuée, bien moins à la supériorité angloise , qu'à ces circonstances déplorables , dont il seroit trop affreux de supposer le renouvellement en une semblable crise, et dont l'absence, en prolongeant beaucoup notre défense , eût hâté l'invasion du Carnate, qu'Aider méditoit dès-lors, et qui eût converti nos revers dans les succès les plus brillans. Il doit donc rester démontré *par le fait*, que

Pondichéry achevé de fortifier convenablement, muni de même en tout temps, et défendu par une garnison bien commandée, de quatre mille *Européens* au plus, seroit une forteresse inexpugnable à toutes les forces, *de même espèce*, des Anglois en Asie, dans les circonstances même les plus heureuses pour eux.

Mais après avoir balancé leurs forces Européennes, *que de frais ne resteroit-il pas à faire encore pour égaliser de même leurs forces indigènes, leurs Sipahis?* — Leurs Sipahis? vain épouvantail, inutile appareil, contre une garnison d'Europe, bornée à se défendre dans une place forte; multitude qui, du côté des assaillans, ne remplacera jamais la proportion dans laquelle ils doivent être avec les assiégés. — Pour faire campagne, c'est autre chose; la quantité qui toujours tue, quoiqu'au hazard, pourroit devenir accablante pour un corps foible et isolé d'Européens. Mais il n'et pas ici question d'un état offensif. Si nous nous supposons dans le cas de nous y porter, ce ne seroit sans doute que conjointement avec *Typou*. Croit-on qu'alors ses cinquante mille Sipahis au moins, aussi braves et aussi bien disciplinés que ceux des Anglois, ne rendroient pas la balance, d'abord, assez égale en plaine? Et croit-on même qu'elle le restât long-tems en présence de soixante ou quatre-vingt mille hommes de cavalerie, de cent pièces de canon, d'un grand nombre d'éléphans de guerre, etc.. .. etc....., que ce Prince a de plus que les Anglois, et qu'il traîne toujours rapidement après lui? Tel est cependant l'allié

qui

qui s'offre à nous dans l'Inde, qu'on cherche opiniâ-
trément à nous faire rejetter, et que pour mieux réus-
sir dans ces vues qui paroissent inexplicables, on dé-
nigre avec acharnement, et qu'on irrite lui-même,
en l'insultant grossièrement en public !

Les Anglois, dit-on encore, *ont des motifs prépondé-
rans pour consacrer à l'Inde les plus grands moyens ; il
faut qu'ils y protégent une grande domination ; ils y ont
des revenus considérables et un commerce immense, qui
fait l'opulence, et par-là la force de leur métropole. Nous,
privés dans l'Inde de tous ces avantages dont, après
tout, notre consistance intrinsèque est fort indépendante,
si même leur accession ne l'énervoit pas, nous n'avons
point de motif qui doive nous porter à faire, pour ce
pays, des sacrifices majeurs comme sont ceux des Anglois.*
— Ainsi, c'est parc qu'ils les ont en effet sur nous,
ces avantages, que nous les leur abandonnons stu-
pidement ? C'est parce qu'ils se sont fondés dans ces
climats une source féconde de pouvoir et d'opulence, que nous nous en éloignons ? Hé ! depuis quand
l'Angleterre a-t'elle cessé d'être la rivale opiniâtre et
presque toujours heureuse de la France ? Depuis quand
n'avons-nous plus à redouter de sa part les violentes
secousses qu'elle a tant de fois imprimées à notre Mo-
narchie, depuis notre commune origine ? ébranle-
mens que son infériorité ne lui eût jamais permis de
produire, sans les ressources externes qu'elle tire de
son active industrie, et sans notre inertie à cet égard.
— Après la perte consommée de son Amérique, il ne
reste à l'Angleterre qu'un moyen de recouvrer la pré-

pondérance qu'elle avoit dans l'Europe avant cette scission : c'est de porter vers l'Inde tous les efforts de son génie, et de sa puissance : c'est de s'y fonder une domination exclusive et imperturbable ; et cette nation s'occupe de ce grand projet avec l'activité et la constance qui lui est propre. Après la défection de l'Amérique Angloise, nous n'avons qu'un moyen de contenir l'Angleterre dans son infériorité native, et de nous mettre ainsi à l'abri des entreprises, toujours onéreuses pour nous, que lui suggère si souvent sa jalouse inquiétude ; c'est de réfréner son ambition dans l'Inde, d'y croiser ses vues en tout sens, d'en partager le commerce avec elle, enfin d'y miner persévéramment sa puissance.. Et nous abandonnons l'Inde!... Certes, en comparant cette conduite aux vérités incontestables qui nous en prescrivent une diamétralement opposée, nous pouvons, sans nous exalter, être tentés de penser que ce n'est pas seulement le bonheur de nos rivaux qui a influé, en cette occasion, sur nos résolutions.

L'économie commande ce sacrifice. — Quoi! c'est sur l'entretien des bases de l'édifice que porte l'économie! Lâcher la main à l'agrandissement, à l'opulence de nos éternels rivaux ; précipiter notre Commerce dans la langueur, pour finir, en l'abandonnant ensuite entièrement, par nous rendre tributaires de ces mêmes rivaux ; (car de vains rêves ne prévaudront pas sur l'habitude du luxe) anéantir à jamais notre gloire et notre crédit dans ces climats, jadis remplis de notre grandeur ; y traîner dans l'humiliation un nom avili aux yeux des indigènes , pleins de l'idée de la puissance angloise : quoi ! c'est-là l'économie ! Étrange bouleversement des plus simples notions ! Politique ignorante et mesquine ! Adulation barbare et lâche de l'homme en place , qui mendie l'éloge dû au mérite , en adoptant une illusion perfide , la voile d'un prétexte spécieux , et sacrifie ainsi la chose à un vain mot , l'Etat à lui-même.

Mais , enfin , abandonner Pondichéry , n'est pas abandonner le Commerce. Au contraire , il continuera à se faire avec nos Comptoirs ; on le protégera plus sûrement de l'Ile-de-France ; et en se recueillant entièrement dans cette Colonie , hors de portée de la puissance rivale , dans des principes d'hostilités , l'on n'aura rien à perdre , et l'on pourra au contraire entreprendre sur les possessions ennemies. — Tout à gagner et rien à perdre , est sans doute la plus belle des chances ; c'est dommage qu'elle soit toujours illusoire , et elle le seroit principalement pour nous dans le cas dont il s'agit. Il ne nous est pas difficile de le démontrer. — Se persuader d'abord que le Commerce , même le monopole , toujours odieux , puisse tirer un parti avantageux de Comptoirs nécessairement pauvres , isolés , epars , incohérens , dénués et sans cesse sous la main d'un ennemi puissant , audacieux et jaloux , c'est une absurdité révoltante à laquelle il est inutile de s'arrêter. — Dire ensuite que l'Ile-de-France protégera de dix-huit cents lieues ces Comptoirs réduits à un tel état , et dans une telle position , c'est une autre sottise qui ne le cède guères à la première. — Sans doute l'Ile-de-France feroit la sûreté de l'Inde, si l'Inde elle-même étoit en état d'apporter d'abord quelque résistance; sans doute on peut, on doit même, dans cet ordre de choses, tenir en réserve à l'Ile-de-France des forces capables de secourir l'Inde au besoin, et même de devenir offensives dans des circonstances heureuses. Mais au moment d'une guerre peut-être imprévue, quand nous n'aurons plus une lutte sur le continent de l'Asie, quand toutes nos mesures, toutes nos liaisons avec les Princes du pays seront rompues (car c'est folie que de compter pouvoir, en évacuant l'Inde, en entretenir qui soient de quelque solidité); quand, en un mot, toute confiance sera perdue, il faut compter que tous les efforts de nos ennemis se réuniront sur le seul point que nous nous serons réservé ; et ils les proportionneront , n'en doutons pas , à l'importance majeure dont il leur sera d'anéantir ce point unique. Alors l'Ile-de-France aura assez de se défendre ; et quelqu'avantageuse que soit sa position , quels que soient dans le temps ses moyens de défense, le bonheur de nos ennemis, une surprise, l'ineptie d'un chef, la trahison , oui, la trahison , peuvent la faire succomber. Alors tout est consommé. — Mais en supposant même l'attaque de cette Colonie, ou du moins sa réussite impossible, ce qui n'est pas démontré , ne sera-t-il pas nécessaire, pour n'y avoir rien à craindre de la tentative, d'y conserver en tout temps la plus grande partie des forces qu'elle contiendra; ou du moins les remplacer par d'équivalentes, si l'on voue celles-là à l'offensif?

Dans ce cas, pour entreprendre quelque chose qui en vaille la peine, combien de transports subits, accumulés et coûteux ne faudra-t-il pas risquer, dans le moment même où le trouble général imposera partout la plus sévère économie ? Où se porteront des forces expédiées au loin contre des établissemens intègres et par-tout sur leurs gardes ? Iront-elles, stipendiaires, chez quelque despote asiatique, qui n'aura feint la séduction que pour les attirer ; qui, loin de les recevoir comme des Alliés dont la cause lui seroit commune, ne les considérera, en une telle occurrence, que comme des aventuriers mercenaires, dévoués aux succès de son ambition ; et qui, tenant sans cesse en main leur sort, les livrera à la famine ou au massacre, dès que son intérêt le lui conseillera? — Ainsi, tout à gagner et rien à perdre, chance qu'on prétend nous appliquer dans ce nouvel ordre de choses, (à moins d'événemens extraordinaires, et qu'un jugement sain ne peut poser en compte) sera réellement, si elle a quelquefois lieu, celle courue par l'Angleterre, et l'opposée demeurera à jamais la nôtre.

Mais quel instant, S ire , a-t-on choisi pour commander en votre nom cette retraite honteuse, à vos troupes qui ne l'exécutent qu'en frémissant d'un noble courroux ? — Il y a deux ans que l'État s'est vu près de la nécessité d'entreprendre une guerre nouvelle et inattendue. Pondichéry, à cette époque, étoit ouvert de toutes parts ; et il fut sage alors, sans doute, de méditer un prudent éloignement, qui pouvoit seul épargner à vos Soldats le désastre effrayant auquel leur valeur les auroit livrés en une telle extrémité. Nous sentîmes dans le temps cette nécessité cruelle, nous en gémîmes; mais l'amour de la patrie l'emportant en nous sur le sentiment de nos propres maux, nous résignant sans murmure à ceux qui alloient de nouveau nous assaillir, nous pûmes désirer nous-mêmes l'évacuation de notre place. Mais votre Ministère, SIRE, confond avec affectation les temps et les circonstances, s'il prétend aujourd'hui rendre les périls passés applicables à la résolution qui va entraîner notre perte. L'orage est dissipé depuis long-temps. Pendant qu'il a duré, et depuis sa fin, nos remparts se sont élevés. Pondichéry sorti de ses dernières ruines, se présente maintenant aux ennemis de l'Etat plus fort qu'il ne l'a jamais été. Une garnison nombreuse, vaillante et sûre, protégeoit naguère son enceinte.... Et on la lui retire au sein de la plus profonde paix! au moment où une modique dépense de plus, et quelque persévérance, auroient suffi pour porter cette place au point désirable de sécurité que nous avons fait envisager il n'y a qu'un instant; au moment sur-tout où nous sommes sûrs de voir, au moindre mouvement hostile, le Carnate inondé en notre faveur par les forces redoutables du plus puissant Prince de l'Asie, Typou, que votre sagesse, la réception faite à ses Ambassadeurs, son ambition, son génie belliqueux, la haine implacable qu'il porte à nos rivaux, et sur-tout le besoin qu'il sent avoir de nous pour les contenir, nous assuroient irrévocablement pour allié, avant que le tissu de noirceurs dont nous ressentons maintenant les funestes effets, eût obscurci les notions saines données à votre Conseil sur ce Prince, sur le fonds que nous devions faire sur son alliance ; et ayant sur-tout que la conduite inexplicable, et inconséquente en tout point, que l'on tient en ce moment, nous rendît à ses yeux une Nation vile, et sur laquelle il ne doit jamais compter. Car tel est l'effet de notre politique avisée, que c'est peut-être en vain que nous nous flatterions d'effacer à l'avenir, par un plan opposé, les traces d'une impression si fatale, et qui doit être si profonde.

Les considérations que nous venons d'exposer, et tant d'autres que nous supprimons comme surabondantes, mais qu'il est facile de suppléer, rendent, SIRE, l'évacuation actuelle de Pondichéry un événement si monstrueux aux yeux des plus éclairés, que ce parti, si rigoureux pour nous, nous sembleroit tenir à de profondes raisons d'Etat qu'il ne nous seroit pas permis de pénétrer, et que nous respecterions aveuglément et en silence, s'il nous étoit possible de nous dissimuler la vraie et unique cause de notre infortune.

Un seul homme, SIRE, a osé former ce lâche et noir complot contre la gloire de Votre Majesté, et celle de la Nation ; contre toute équité, et contre notre bonheur. Un seul homme, pour accomplir ses odieux desseins, en a imposé en tout à votre Ministère, qui, livré à la confiance la moins fondée qui fût jamais, et apparemment déterminé par le secret motif d'une ambition aveugle, s'est hâté d'adopter ces mesures désastreuses, et, sans doute, de les présenter à votre Conseil comme une preuve d'habileté ; et sur-tout d'empressement à se conformer au système d'économie , passé en mode , depuis que Votre Majesté a déclaré que l'économie lui plairoit : comme si vous pouviez confondre avec cette vertu la mesquinerie rongeuse ! comme si le désordre même, qui consiste principalement à miner sourdement , à énerver le corps politique , en desséchant au loin ses plus précieuses racines , pouvoit être pris pour l'ordre, principe de vigueur, que Votre Majesté cherche à rétablir dans les parties qu'il a abandonnées ! — Le moteur de cette notion si fausse, si cruelle pour ce qui nous concerne, et par conséquent l'unique auteur de tous nos maux, n'a pas craint de se vanter parmi nous de cette barbarie. Et cet homme, SIRE, est un étranger ! un étranger commis pour exercer l'autorité paternelle que vous avez sur nous !.... SIRE, nous respectons la charge dont votre volonté l'a revêtu ; mais le besoin pressant de notre salut nous force impérieusement à nous élever contre sa personne, sans ménagement , et avec toute la véhémence qu'excitent sa conduite et le sentiment profond de notre malheur. — Cet homme, SIRE, est un Irlandois, comblé de vos bienfaits et de vos honneurs militaires qui lui ont été prodigués gratuitement. Gratuitement, nous osons le dire ; car nulle action ne justifie son grade et ses décorations, à moins qu'on ne prétende lui compter pour telle quelques rixes privées, dont son caractère et son goût l'ont toujours rendu avide, et qui composent ses cicatrices et toute sa célébrité.

Une

Une seule démarche qui s'est passée sous nos yeux, sa vaine tentative sur *Trinquemalé*, prouve combien sont mal placées les faveurs qu'il a dérobées. Sa conduite en toute occasion publique ou privée, sa méchanceté innée, son esprit inquiet et turbulent, lui ont mérité la juste haine, non-seulement de cette Colonie, mais de toutes celles où il a paru. Par-tout il a démontré combien étoit lumineux le jugement proféré publiquement sur lui par *Washington*, qui dit à son audience, lorsque cet homme dangereux s'éloigna de l'Amérique, avant la fin de la guerre, mécontent de tout le monde qui l'étoit de lui, *que le départ de cet Officier valoit mieux au parti de la liberté qu'une bataille gagnée.* ---- Et c'est cet homme, SIRE, cet homme sorti d'une Nation dont un individu a déjà été si funeste à l'Inde françoise, que par une fatalité déplorable, une sinistre et trop puissante cabale a porté et maintient à la tête de nos établissemens d'Asie ! Compatriote de ce Lally qui nous fut si justement abominable, et dont le glaive de la justice nous a trop tard vengés, cet autre a la même inconséquence dans les idées, dans le cœur le même despotisme, la même fausseté, les mêmes dispositions haineuses. Comme Lally, il a sans cesse à la bouche le sarcasme offensant et inconsidéré ; mais il a plus que Lally peut-être, une noire ingratitude envers la Nation qui a si généreusement recueilli et comblé tant de ses pareils. Il a plus que Lally, pour la Nation rivale, cette sympathie que prouvent ses propos, ses démarches, l'accueil qu'il en a reçu , et celui offensant pour nous qu'il n'a cessé de lui faire sous nos yeux. --- Des actions d'éclat, et qui s'étoient passées en présence de votre aïeul, Sire , militoient du moins en faveur de Lally , avant que sa dernière conduite vînt les effacer ; du moins il porta par-tout les armes, il les garda jusqu'aux abois, après que ses inconséquences l'y eurent réduit, et ne rendit cette Ville aux Anglois que lorsqu'elle fut dans l'impossibilité absolue de prolonger sa défense. Celui-ci, plus adroit à éviter de telles extrémités , a trouvé le moyen de nous livrer au sein de la plus profonde paix. Il rend à l'Angleterre un service bien plus solide que ne l'a fait Lally , aux mânes duquel il semble , comme un vengeur suscité de sa cendre, vouloir nous immoler !.... Il mérite, bien plus que Lally, la reconnoissance de l'Angleterre.

S I R E , nous osons vous le représenter : par quelle inexplicable contradiction arrive-t-il que le Chef d'un Corps étranger ne puisse jamais , au terme de vos sages Ordonnances, commander dans une place fermée , ni dans les lieux équivalens , quand même son grade et son ancienneté l'y appelleroient par événement, et que cependant les postes les plus importans soient quelquefois confiés individuellement à des étrangers ? Déjà deux fois le commandement général de nos établissemens , au point le plus éloigné de votre Empire , est tombé aux mains des étrangers ; et deux fois cette circonstance a eu une funeste issue. --- Ah ! Sire ! s'il est des climats où l'amour de la patrie doive brûler plus vivement qu'ailleurs au fond du cœur d'un Chef de la Nation , c'est sans doute dans ces lieux éloignés de la Métropole , où le sentiment peut s'attiédir par la distance des objets qui l'excitent ; dans ces lieux où dominent si impérieusement nos habiles rivaux , et où l'or qu'ils y possèdent , et qui n'est jamais ménagé pour la corruption , peut avoir le plus puissant empire sur celui qui n'est pas animé du feu divin du patriotisme..... et la plus terrible influence sur le sort de vos fidèles sujets.

Daignez donc , SIRE , avoir égard à nos humbles , pressantes et justes réclamations ; daignez bannir de votre Conseil la flétrissante politique qui lui a été suggérée ; daignez nous rendre la sécurité dans laquelle nous vivions sous la protection de vos troupes , et qui nous est due ; daignez sur - tout ne confier notre défense et le soin de diriger nos efforts qu'à un Chef François ! Il en est tant dans votre Empire dont la fidélité ne peut être douteuse , dont le courage et la capacité sont éprouvés , et qui , à toutes sortes d'égards , ont bien plus de droits aux emplois et à vos graces que quelqu'étranger que ce puisse être ! Mais si, parmi ceux-ci, il en est que VOTRE MAJESTÉ juge à propos de récompenser de cette manière éclatante, ordonnez que le Chef qui nous sera choisi, le soit du moins entre ceux qui vous ont donné des preuves non équivoques d'attachement et de reconnoissance ; que ses vertus et son caractère contrastent tellement avec celui que poursuit ici la réprobation générale , que nous ne puissions plus distinguer l'étranger du compatriote. Alors, SIRE, nous ne ressemblerons point, nous qui sommes vos enfans, à des esclaves livrés à la tyrannie d'un mercenaire ; alors, votre cœur paternel verra avec joie ce que peuvent sur des François animés par les regards de leur Roi, leur amour pour lui, pour la gloire et pour la patrie ! --- Mais si notre infortune est telle que nous ne devions plus espérer d'échapper au sort cruel qu'on nous a préparé ; si son exécution, accomplie au moment où notre humble Requête parviendra aux pieds du trône de VOTRE MAJESTÉ, semble une circonstance qui doive faire prévaloir cette rigueur sur les nombreux et puissans motifs qui rappellent le Gouvernement sur ses pas ; alors il ne nous reste, SIRE, qu'à invoquer la stricte et austère équité de VOTRE MAJESTÉ ; et nous ne balançons point à le faire, en la suppliant d'ordonner que l'Etat entier partage du moins nos pertes, et qu'il nous soit assigné un dédommagement qui puisse nous aider à en supporter une partie. --- Et votre règne sera à jamais béni par vos soumis et fidèles sujets,

LES HABITANS DE LA VILLE DE PONDICHÉRY.

De l'Imprimerie de P. FR. DIDOT, le jeune, 1790.

Pagination incorrecte — date incorrecte

NF Z 43-120-12

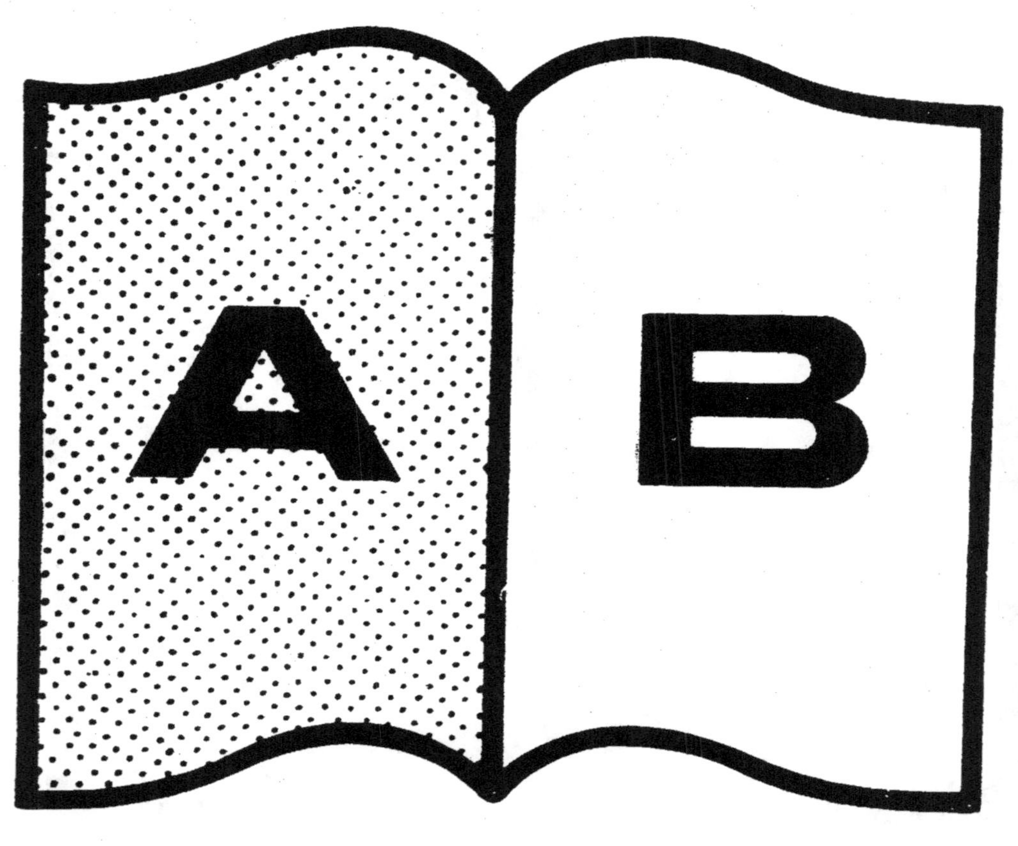

Contraste insuffisant

NF Z 43-120-14

www.ingramcontent.com/pod-product-compliance
Lightning Source LLC
Chambersburg PA
CBHW051420060726
47596CB00005B/2296